AF563646

ESPRIT NOUVEAU

SYNTHÈSE

De la pénétration du Christianisme

DANS LES INSTITUTIONS SOCIALES

Et dans les cadres politiques des Nations

PAR

SÉVERIN DE LA CHAPELLE

GUINGAMP
Imprimerie Vᵉ EVTILLARD & F. BRÉBAN
13 et 31, Place du Centre

PARIS
Librairie Victor LECOFFRE
90, rue Bonaparte

1898

ESPRIT NOUVEAU

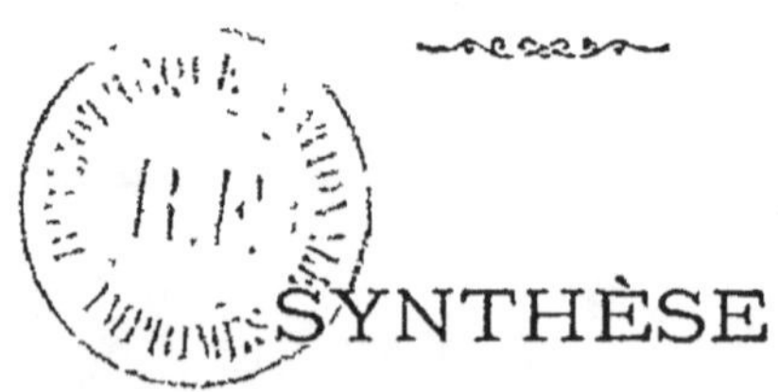

SYNTHÈSE

De la pénétration du Christianisme

DANS LES INSTITUTIONS SOCIALES

Et dans les cadres politiques des Nations

PAR

SÉVERIN DE LA CHAPELLE

GUINGAMP

Imprimerie-librairie Ve Eveillard & F. Bréban.

1898

ESPRIT NOUVEAU

Synthèse de la pénétration du Christianisme dans les institutions sociales et dans les cadres politiques des nations.

INTRODUCTION

La Religion Catholique est la principale source, la seule vraie et inaltérable de la civilisation progressive des peuples modernes.

Une secte d'athées, de déistes, de francs-maçons, de juifs cosmopolites, et de quelques huguenots français, est devenue, clandestinement, presque maîtresse du Gouvernement de la France. Cette secte, dont on sent partout la main, bien qu'on ne puisse la saisir nulle part, enseigne bruyamment, même dans des chaires officielles, que la Religion catholique est un obstacle au progrès moderne, et qu'elle livre depuis quatre siècles à la science, une bataille, dans laquelle il faut que le progrès succombe, ou que la Religion soit anéantie.

Vainement les représentants autorisés de la Religion protestent-ils contre cette affirmation superbe ; vainement le souverain Pontife Léon XIII a-t-il rappelé, dans de solennelles encycliques, l'union cimentée par tant de siècles de la Religion et de la science ; vainement a-t-il énuméré tous les progrès dont la Religion a été la première source, dans l'économie sociale, dans les lettres, dans les arts, dans les sciences, sauvées et ravivées par Elle, quand la terrible confusion des invasions barbares, et la longue nuit du Moyen-âge semblaient devoir anéantir les monuments et les découvertes des anciennes civilisations.

On exploite contre l'Eglise les sentiments d'amertume que suscitent les souffrances inexpliquées des sociétés humaines ; on ne veut pas reconnaître que la science, purement humaine, s'est montrée contre ces souffrances, bien plus impuissante que la Religion, puisque non seulement elle n'y apporte aucun remède, mais que ces orgueilleux adeptes enlèvent encore aux âmes, la résignation virile du chrétien, la charité consolatrice, et la foi dans les compensations d'une autre vie.

L'orgueil de quelques esprits, la faiblesse des autres, l'impuissance de tous, facilitent sur les âmes qui souffrent l'action délétère des ennemis du Christianisme, et devant l'attitude réservée des ministres de la Religion, beaucoup d'hommes qui n'ont plus que le culte de l'audace, de la force et du succès, se demandent si le temps des dernières ruines chrétiennes n'est pas près de nous.

Les vrais chrétiens ne se troublent pas, soutenus qu'ils sont par les promesses divines. Mais dans l'immense désarroi où le monde politique semble aujourd'hui entraîné, il est plus que jamais nécessaire que les défenseurs des Institutions chrétiennes ne restent point dans une attitude, à certains égards, passive ; Il faut qu'ils mettent en lumière les causes de l'impuissance des nouveaux Pontifes. Il faut peut-être aussi qu'ils fassent un retour sur eux mêmes, et qu'ils se demandent si leurs propres efforts ont été assez virils, et si les générations chrétiennes ont tiré de la vérité catholique, tous les enseignements et tous les remèdes qu'elle comporte pour le temps présent.

Il est incontestable que depuis la constitution des sociétés modernes, la grande industrie, les grandes agglomérations, les puissants engins même de la science, ont entraîné, avec d'éclatants bienfaits matériels, des maux redoutables que l'ancien monde n'a pas connus. A ces maux nouveaux, il faut de nouveaux remèdes. La Religion chrétienne a, dans le passé, assez montré la puissance de ses initiatives, la fécondité de ses trésors cachés, et la flexibilité de ses ressources, pour que tous les vrais chrétiens aient la saine confiance,qu'aux dangers particuliers, qui menacent notre siècle, le Chistianisme a des remèdes, tenus en réserve, et qui, au moment et par les moyens prévus par la Providence, seront dévoilés. Le tronc vivace de l'Eglise poussera, dans le sol humain, des racines plus nombreuses et plus fortes, qui pomperont plus profondément les sucs nouveaux dont les sociétés modernes ont besoin. Au-dessus des branches, qui ont suffi jusqu'à présent, il produira des branches nouvelles, sous lesquelles les générations actuelles trouveront un asile assuré. Ce sera toujours le même tronc, le même arbre et la même sève ; mais la sève circulera plus riche et plus féconde, et la vie se manifestera encore dans l'Eglise, comme elle l'a fait depuis dix-neuf siècles, à travers des crises autrement redoutables que celles que nous traversons, toujours une, toujours ancienne, toujours nouvelle, et toujours susceptible de vivifiantes transformations.

---

§ I.

Synthèse historique des applications sociales et des préparations politiques conformes à l'Evangile

La Religion chrétienne n'est pas seulement un ensemble de dogmes révélés, que l'homme seul n'aurait découverts que trop lentement sans la Révélation divine; c'est encore, par son précepte du sacrifice volontaire, une méthode, pour la direction de l'esprit individuel, et surtout, de l'esprit collectif, que l'on peut appeler l'âme des peuples, en dehors de laquelle la science individuelle ne peut, socialement, rien édifier de durable, et sans laquelle les Gouvernements politiques, quelle que soit la grandeur de leurs hommes d'Etat, sont tous destinés à périr L'Eglise a reçu le dépôt du dogme Supérieure au monde terrestre, étrangère au monde politique, elle devait limiter son action *directe et propre*, à l'enseignement individuel,et à la défense, par simple voie disciplinaire, de la doctrine qui avait été révélée.Malgré des défaillances humaines, dont les trois reniements de Saint-Pierre, dans la Passion, ont été la figure symbolique, l'Eglise a rempli sa mission. Le dogme a été défini dans les premiers siècles. Le caractère purement doctrinal des dogmes, l'essence purement disciplinaire de la méthode d'action de l'Eglise, *directe* sur les consciences individuelles , *indirecte* sur les sociétés, ont été confirmés dans le XVIe siècle par le concile de Trente,et dans le XIXe par le concile du Vatican, qui a proclamé, sans le concours des Puissances temporelles, et par conséquent sans appel à toute force légale et à toute sanction coercitive, la souveraine infaillibilité du Pape en matière de foi et de mœurs. Mais les hommes d'Etat, et les hommes politiques, ceux d'Eglise comme ceux du siècle, ont failli, jusqu'à présent à la tâche qu'ils devaient accomplir *en politique*. C'était à eux qu'il incombait de comprendre la méthode *extensive* des applications *sociales et politiques*, à demi voilée, dans l'Evangile, sous le précepte, si net et si précis, de la pauvreté d'esprit, sous la condamnation absolue de la force et sous le remplacement de la loi par la foi. C'était à eux de faciliter l'application de la méthode divine dans les cadres nouveaux, sociaux et politiques, suivant lesquels les sociétés humaines peuvent et doivent se transformer en grandissant. C'était à eux de réduire de plus en plus les sphères d'action, où la sanction de la force et de la loi sont encore nécessaires, par suite de la barbarie ou de la grossièreté des Temps, et de parvenir à remplacer les méthodes coercitives, dès lors jugées insuffisantes, par les *méthodes de foi* qui doivent présider aux grands mouvements collectifs des hommes, organisés en corps de nations. Suivant la lettre éclatante de l'Evangile, les royaumes de Dieu et des hommes sont différents, mais la méthode enseignée par Jésus, est unique. Elle sert de lien commun aux deux domaines, et permet les contacts ménagés. Le développement de plus en plus large de la méthode Evangélique est la part réservée à la liberté de l'homme, dans l'œuvre de sa propre régénération. Suivant le plan divin, et d'après la lettre même de l'Evangile, les hommes sont les coopérateurs secrets et invisibles de Dieu, et en même temps, les coopérateurs solidaires et visibles les-uns des autres. Un coopérateur doit, avant tout, savoir s'oublier lui-même ; c'est pourquoi, la première, et la plus évidente condition d'application de la méthode divine, non seulement, comme on l'a compris, dans la vie individuelle simple, ou dans la vie religieuse simple, mais dans la vie sociale commune, et surtout dans la vie, plus compliquée, des sociétés politiques, est la loi du sacrifice volontaire et du *mutuel renoncement.*

Aujourd'hui, enorgueillis par leur demi-science, les hommes semblent de moins en moins comprendre, et de plus en plus dédaigner le rôle double, individuel et collectif, qu'ils ont à remplir. Comme l'Italie moderne, ils disent, dans leur superbe : « Italia fara de se ». Pour la plupart des hommes, même pour beaucoup de chrétiens, la prière Evangélique, « que Votre règne arrive, et que Votre volonté soit faite *sur la terre* comme au ciel » serait une irréalisable chimère ; le Commandement « cherchez d'abord le royaume de Dieu et la justice, et le reste vous sera donné par surcroît », n'aurait aucune valeur pratique ; la promesse « cherchez et vous trouverez, frappez et l'on vous ouvrira », n'aurait d'application possible que pour la poursuite du salut individuel, et du soulagement des misères privées. La seule méthode des groupements et des gouvernements humains, pour les œuvres collectives, qui exigent des mouvements combinés de grandes masses d'hommes, c'est toujours, comme sous la loi juive, dans le monde romain et dans le monde barbare, la force ou la force masquée sous la loi, sans la foi collective ; c'est toujours la volonté simple et purement personnelle de l'homme, sans contact spirituel et invisible avec la volonté divine. C'est encore, sans égard à la méthode divine, le commandement direct et absolu de l'homme sur l'homme, dans le monde invisible de l'Esprit; c'est le despotisme de la loi purement humaine, armée du glaive, pénétrant, malgré la défense divine, dans le royaume immatériel et invisible de la conscience et de l'esprit; c'est encore, suivant la théorie des casuistes du moyen-âge, l'Eglise se voilant la face devant le bras d'airain de l'aveugle justice humaine, et acceptant en silence (quand ses représentants officiels, mais transitoires, n'y ont pas encouragé) la violation légale de la loi de justice et d'amour, comme étant le seul moyen pratique de sauvegarder l'ordre social contre la décomposition et l'anarchie. Et quand l'impuissance des lois imparfaites des hommes d'Etat et des politiciens, qui ne savent ou ne veulent, sous leurs lois coercitives, ménager aux petits, aux faibles et aux déchus, aucun moyen pratique de relèvement et de purification, apparaît clairement, par l'inanité même de leurs résultats, loin de se frapper la poitrine, et d'accuser leurs maladresses et leurs ignorances, les Gouvernements des Etats ne pensent qu'à s'en prendre à la prétendue perversité native de l'homme, oubliant que l'homme, non seulement suivant l'enseignement chrétien, mais suivant les traditions plus obscurcies de tous les peuples, n'est qu'un être collectivement déchu, mais susceptible d'une régénération, qui doit, comme la chûte, avoir un caractère à la fois individuel et collectif. Et les cercles vicieux, dans lesquels l'humanité souffre, s'agite et meurt, toujours écartée de la voie divine, la seule qui puisse être facile et féconde, par ceux même qui devraient l'y ramener, ne peuvent être fermés.

---

§ II.

Synthèse de la méthode religieuse

Quelqu'opinion que l'on puisse avoir sur le caractère, divin ou humain, de la Religion chrétienne, il faut reconnaître que l'avènement de Jésus-Christ a été, dans les temps historiques, le fait culminant de la vie de l'humanité.

Avant Jésus-Christ, autour du bassin de la Méditerranée, qui a été le centre d'action des peuples de l'ancien monde, il s'était formé des sociétés puissantes. Celles qui s'étaient développées les premières, en Egypte et dans l'Assyrie, sur le fondement simplement religieux, de l'absolutisme théocratique, s'étaient montrées incapables de se constituer en corps de nations ; elles étaient tombées depuis longtemps en poussière.

La Grèce avait produit de petites sociétés progressives plus vivaces et plus brillantes; Elle avait tenté d'atteindre à une certaine consistance, par la vitalité politique intérieure de ses petites républiques, et par leur fédéralisme religieux et national ; mais ce fédéralisme, sans cadres et sans centre fixe, n'avait pas résisté aux rivalités jalouses de ses membres, et les divisions irréductibles de ses petits peuples en avaient fait une proie facile pour la monarchie Macédonnienne, unitaire et fortement constituée.

La monarchie Macédonnienne, à son tour, n'avait été, sous Alexandre, à raison même de l'extension de ses limites, qu'une éblouissante et éphémère conception, purement personnelle. Les empires élevés par ses successeurs, à l'imitation des empires théocratiques de l'Assyrie et de l'Egypte, n'avaient su donner aucune cohésion, aux poussières de peuples hétérogènes, momentanément rassemblées sous leurs dominations.

Rome pendant les premiers siècles de son développement, avait paru mieux que la Grèce, susceptible de constituer un Etat durable. Elle avait su faire fonctionner en elle, des organes politiques intérieurs vivaces ; et Elle s'est flattée par la voix de son grand poète, d'avoir réussi, malgré les obstacles, à faire une véritable nation : *Tantæ molis erat romanam condere gentem.* Extérieurement, Elle avait triomphé, par la force, de toutes les peuplades Italiotes, Africaines, Gauloises, Ibériennes vouées comme la Grèce, à un fédéralisme embryonnaire et anarchique. Elle n'avait eu qu'à faire pénétrer ses légions, dans le monde Grec et dans le monde Oriental, pour que les empires factices des successeurs d'Alexandre, et la fédération purement religieuse des Juifs, politiquement affaiblie d'ailleurs par sa division en deux royaumes, Israël et Juda, tombâssent sous son joug. En Elle, les organes intérieurs d'un gouvernement vraiment national et unitaire, restés vivaces jusqu'au temps des guerres civiles avaient suffi jusqu'alors pour assurer la sûreté intérieure et extérieure de l'Etat. Mais l'extension démesurée de ses limites, avait été aussi pour Rome une cause de faiblesse; l'importance des intérêts qu'elle avait eus à régir, avait démontré l'insuffisance des cadres organiques intérieurs, créés dans le principe, pour les seuls besoins politiques d'une petite cité. Depuis César, le gouvernement de Rome n'était plus qu'un simple cadre administratif, qui ne puisait de force de résistance que dans la volonté même du Prince, incarnée dans une centralisation savante, perfectionnée par Auguste. La force seule avait été le principe et le fondement du pouvoir Impérial, au dedans contre les factions anarchiques et contre la décomposition sociale, au dehors, contre les barbares, errant autour des frontières de l'Empire Mais, matériellement protégé par le despotisme, le vieux monde social, dépourvu désormais de toute vitalité rénovatrice et politique, étouffait sous l'étreinte même de cette force, avec la préoccupation de catastrophes, toujours imminentes, dans lesquelles il se sentait menacé de périr.

C'est dans cet état d'anxiété générale, planant sur la civilisation romaine, que Jésus-Christ a prêché la doctrine nouvelle, capable de régénérer l'ancien monde, en lui infusant un sang nouveau. Cette doctrine formait un éclatant contraste avec les méthodes, simplement autoritaires, qui jusqu'alors avait suffi aux premiers pas des sociétés humaines. Elle était purement spirituelle, morale et sociale ; Elle n'avait, en apparence, aucun caractère politique, laissant même expressément les gouvernements politiques de ce temps, en dehors de sa sphère d'action. Pour elle, le seul mode d'action sur les foules, pour les développements sociaux qui devaient sortir les premiers de la nouvelle doctrine, c'était la foi, sans aucune sanction que l'acquiescement des consciences individuelles, c'est-à-dire ce qu'il y a dans l'homme de plus secret, de plus pur, de plus intangible, et de plus personnel. Et en même temps que Jésus-Christ donnait au vieux monde, comme premier précepte de toute société spirituelle, la foi individuelle (seul levier tout puissant pour les hommes), il lui donnait un second précepte destiné à préserver les hommes des dangers des opinions personnelles, poussées jusqu'à l'intransigeance absolue : le précepte du renoncement individuel et volontaire, à toute volonté propre et purement personnelle. L'antinomie de ces deux préceptes était évidente, mais l'indivisibilité absolue en a été manifestement affirmée par Jésus, pendant les trois années de luttes de sa vie messianique, où il s'élève sans cesse contre les interprètes officiels de la loi ancienne sans vouloir jamais, même devant Pilate, parler en son nom personnel.

Pour les Juifs l'antinomie était justifiée par les miracles historiquement incontestés de la mission messianique ; Elle l'était d'avance, comme tout l'enseignement évangélique, par les traditions sacrées de la race. Les docteurs de la loi et les Princes des prêtres n'ont pas voulu comprendre. Dans leur orgueil, faussant eux-mêmes les traditions, par une interprétation étroite et grossière, ils attendaient un Messie, terrible comme Jéhovah, conquérant matériel de tous les empires terrestres. Ils ont rejeté le Messie, doux et humble de cœur, qui attirait par ses miracles les foules patissantes et attendries, et ne voulait régner que sur les âmes. Ils ont voulu que le sang du juste retombât sur eux et sur leurs enfants; depuis lors, ils sont restés une nation, sans terre et sans patrie, partout campés, et partout maudits par toutes les générations des hommes.

Pour le monde Romain, l'Antinomie a été plus aveuglante que pour les juifs, parce qu'en elle, au milieu de toutes les Religions humaines, échos brisés et affaiblis de la Religion primitive et de la langue universelle oubliées par les hommes, les Patriciens sceptiques et dédaigneux, qui se croyaient faits pour dominer les peuples, n'ont voulu voir qu'une nouvelle superstition, plus folle et plus choquante que toutes les autres Ces durs dominateurs de la terre, devaient d'ailleurs difficilement comprendre la loi d'égalité, de justice et d'*amour mutuel*, contenue dans l'Evangile et seule capable de réduire, par la toute puissance combinée du cœur de Dieu et du cœur de l'homme, cette antinomie, irréductible pour l'esprit de l'homme seul, séparé de l'esprit de Dieu.

C'est à peine si après dix-neuf siècles d'enseignement chrétien nous pouvons parvenir, à admettre, que cette antinomie est le reflet du fonds et l'essence même de la nature humaine, dans son intégralité complexe, qu'elle est le secret, la source de toute vie individuelle, et qu'elle est la condition nécessaire de toute vie organique et collective dans nos sociétés.

Et si, depuis dix-neuf siècles, au point de vue du développement social du Christianisme, la doctrine de Jésus reste encore une énigme, si peu comprise et si incomplètement appliquée, si elle subit tant de contradictions et tant de doutes, de la part des ennemis du Christianisme, si elle subit tant de lâches défaillances, même de la part des chrétiens, qui ne savent y puiser que la règle, sans cesse tournée par leur malice, ou faussée par leurs faiblesses, de leur conduite privée, ces contradictions ne sont-elles pas dues, à ce qu'au lieu de voir la solidarité intime, divinement établie, des deux préceptes, sous leur apparente antinomie, on n'en veut comprendre pleinement qu'un seul, tantôt, comme les hérésiarques, les schismatiques et les protestants, celui de l'inviolabilité absolue de la foi personnelle, et de l'interprétation de la parole divine par la conscience individuelle et isolée, tantôt, celui du renoncement purement individuel et simple, comme certains mystiques du catholicisme, qui oublient complètement la solidarité forcée de la terre, pour ne viser qu'au ciel et à leur salut personnel, tous faussant ainsi, au point de vue des applications sociales, le caractère, essentiellement complexe et un, de l'enseignement Evangélique, que l'Eglise a sauvegardé au milieu de tant de luttes, contre les incohérences de toutes sortes, internes ou externes, tour à tour déchaînées contre son unité.

L'homme, en effet, n'a pas été fait simple; personne physique et personne morale, c'est-à-dire personnalité double, mais absolument indivisible, il déchoit et se fausse, dès qu'il se livre à des pensers ou à des actes, purement personnels et simples, il se dégrade en s'y renfermant.

L'abaissement, et même la dégradation de l'homme, par l'exaltation isolée de son *moi*, l'individualisme absolu, non seulement de l'homme individuel, mais des personnalités morales créées par l'homme, l'individualisme, en un mot, sous toutes ses formes, avec toutes ses inconsciences, ses illusions, ses hypocrisies et ses violences, n'est-ce pas le fondement du récit sacré du péché originel, que nous renouvelons encore sans cesse, et dont nous souffrons encore, individuellement et surtout collectivement et par nations, malgré le sacrifice du Christ, parce que les nations, et en elles, les personnalités morales de toutes sortes, restent séparées et insolidaires les unes des autres, bien que la solidarité morale des hommes soit de tradition incontestable chez tous les peuples ; et que les solidarités matérielles, industrielles et commerciales, inconnues du monde antique et du moyen-âge, reconnues de nos jours par la science naissante de l'économie politique moderne, confirment de la manière la plus saisissante les enseignements moraux du Christianisme, sur l'étroite solidarité des hommes et des nations.

Dans l'aveuglement où nous restons, et où ils restent

endormis, nos hommes d'Etat, nouveaux Adams vieillis, sceptiques et découragés, mais toujours incorrigibles, persistent à méconnaître l'unité complexe du double et divin précepte, sans laquelle aucune unité morale, comme celle que l'homme porte en lui-même, ne peut vivre et se développer.

Pour rester dans sa nature, vraie et intégrale, et, depuis l'avènement de Jésus-Christ pour se relever vers elle, en s'affinant jusqu'à son titre originel, complexe et double, il fallait, et il faudra encore que l'homme fait, des sociétés humaines compliquées, sache anéantir sa personnalité complexe dans une double mort, mort spirituelle et volontaire, secrète et incessante, de sa personnalité intérieure et invisible, mort matérielle et forcée, seule et une seule fois apparente (la seule que nous tenions comme réelle), de son individualité extérieure, visible et éphémère. Et, pour que la première mort devienne, comme la seconde, une réalité apparente, comprise, non seulement par quelques âmes d'élite, mais par toutes, il faut, que régénéré par elle, et devenu par elle insensible et supérieur à la seconde, il ressuscite et revive, extérieurement, dans des personnalités morales (unités — totalités) créées par lui et supérieures à lui-même, affranchies de la nécessité d'un corps matériel et périssable, enveloppées invisiblement de ce que les divers droits progressifs des nations appellent des corps moraux, pour lesquels, tant qu'ils restent à l'état de simple autonomie, dans les sociétés embryonnaires, la loi d'obéissance individuelle, *directe* et volontaire dans les corps religieux, encore *directe* et passive dans les corps militaires, mais *indirecte* et mixte dans les sociétés laïques, est nécessaire et suffisante, comme méthode de mort spirituelle, d'ordre général et d'unité. Il faut enfin, (et c'est le passage le plus difficile à franchir ; la France y est engagée depuis cent ans, comme dans une impasse, impuissante, par les fautes de tous ses gouvernements à en trouver l'issue), il faut que la personne humaine, et les personnalités morales simples, apprennent à s'encadrer dans des personnalités de double nature, morales et territoriales, images de l'homme intérieur, solidaires et équilibrées en elles et entr'elles, suivant les lois de la balance et de la lumière, et qui seront le couronnement, providentiellement prévu, des sociétés empiriques et simples, et le fondement nécessaire des sociétés vraiment politiques, seules capables de surmonter les crises, de plus en plus redoutables, que l'enfance troublée de l'humanité doit subir. La loi de la balance renferme seule le secret de la méthode intégrale évangélique, sociale et politique, par laquelle les corps moraux de l'avenir, personnalités vraiment complexes, à la fois unes et doubles, pourront en anéantissant en elles tout particularisme individuel, local, corporatif, ou même territorial, s'élever collectivement à la mort, ou plutôt à la vie spirituelle parfaite, et élever l'homme individuel avec elles, dans l'échelle des obéissances volontaires à la volonté divine, du premier degré simple et personnel (le seul que le monde ait encore connu) au deuxième degré puissanciel, dualiste et collectif, où l'obéissance, toujours libre et volontaire, sera à la fois directe et indirecte, personnelle et collective, impersonnelle et méthodiquement combinée.

Les difficultés que rencontrent au sein des nations, la création des personnalités morales simples, et surtout celle des personnalités doubles et unes, morales et territoriales sont immenses. L'aveuglement des Gouvernements, l'impuissance des gouvernés, les tâtonnements et les mécomptes *du droit* fondamental d'association, toujours *entravé par tous les gouvernements, chez tous les peuples*, prouvent que nous ne sommes pas encore parvenus à la voie droite, suivant laquelle, les personnalités morales, que l'avenir tient en réserve, pourront se constituer et s'épanouir, d'après les prévisions de la vraie science sociale, concordantes avec la vraie charité chrétienne, et avec la loi complexe du parfait renoncement.

La raison de la double mort, source seconde et mystérieuse, après Dieu, de la vie morale complète dans les sociétés humaines, la nécessité de la création, par l'association volontaire, des personnalités, spécialistes et simples, dans les sociétés simplistes, et de celle des personnalités complexes, morales et territoriales, dans les sociétés politiques, résulte de la nécessité absolue pour l'homme, de son obéissance, réfléchie et libre non seulement individuelle, mais collective, à la loi divine de la dualité dans l'unité.

C'est cette loi que Dieu enseigne perpétuellement aux hommes dans les harmonies du monde visible et invisible; c'est elle que la science individualiste de nos jours reconnaît partout dans le monde visible, impuissante encore, malgré la grâce complémentaire apportée à l'homme par la révélation évangélique, à en formuler la méthode d'application collective dans le monde moral ; c'est elle qui se voile à demi sous l'unité des forces centripète et centrifuge, sous l'unité de l'électricité à pôle double, qui fait la lumière et la force, sans l'unité des genres, conservée par la dualité des sexes et la diversité des espèces, sans l'unité de la circulation à double courant contrasté des fluides, qui fait la vie dans tous les êtres animés, sans l'unité enfin du corps visible de l'homme lui-même, par la dualité et l'équilibre de tous les membres et de tous les organes de l'individu.

Deux, c'est le nombre humain par excellence; un et trois sont les nombres divins ; quatre, c'est le nombre divin et humain tout ensemble, celui de l'éternelle alliance promise à l'homme ; c'est le chiffre de la croix, qui est le chemin royal du monde invisible, et celui du carré, premier fondement visible et inébranlable, sur lequel la science mathématique, bornée encore à l'étude du monde matériel et visible, peut édifier.

Il faut qu'à l'éclatant enseignement du monde, l'homme apprenne à combiner sans cesse, en les équilibrant l'un par l'autre, deux principes, c'est-à-dire, deux volontés ou deux forces différentes, concordantes ou même contraires, dont l'action solidaire fera les mouvements harmoniques et collectifs dans ses sociétés politiques.

C'est parce qu'à l'exemple de la société Juive, et des

sociétés théocratiques de l'ancien Orient, à l'exemple des philosophes, des sophistes, des rhéteurs et des légistes payens de la Grèce et de Rome, les hommes d'Etat modernes et les politiciens de nos jours, monarchistes et républicains, persistent à tenter d'édifier leurs gouvernements sur un seul principe simple : (celui de l'omnipotence anonyme et masquée de pouvoirs publics, sans contrepoids efficace,) que toutes leurs conceptions gouvernementales sont stériles et éphémères, et que l'état social moderne, sous la furieuse poussée des barbares de l'intérieur, armés de la loi simple du nombre, est menacé d'un effondrement plus terrible que celui qui a englouti l'empire Romain.

L'Eglise a heureusement de nos jours, sous l'inspiration des souverains pontifes Pie IX et Léon XIII, séparé très nettement la cause, et surtout *la méthode* de la Religion, de celle de toutes les formes de Gouvernement. Désormais, au-dessus et à côté de ces formes variables, et de ces méthodes imparfaites, livrées encore aux disputes des hommes, la pénétration de la loi d'amour et de justice, qui résume *socialement* le Christianisme, pourra continuer de se faire, dans les institutions sociales et commencer à se montrer, d'une manière efficace, dans les cadres politiques des nations progressives, sans être compromise par des pratiques dangereuses, ou par des alliances funestes avec des pouvoirs politiques humains, quels qu'ils soient. L'Enseignement chrétien ne sera plus affaibli par des considérations d'ordre, et par des méthodes purement humaines, et les restes des iniquités sociales payennes, que les sociétés chrétiennes n'ont pas encore pu, depuis 1900 ans, éliminer complètement de leurs organismes, seront anéantis, avec les vieux despotismes, personnels ou anonymes, qui les ont perpétués.

La pénétration lente du Christianisme dans les Institutions sociales et dans les cadres politiques, inaugurée, dans le monde simple de l'esprit, à l'origine du cycle historique appelé par Jésus-Christ, dans l'Evangile, *Le Temps des nations*, s'y est développée, suivant les trois phases historiques, reconnues par la chronologie classique, et dans chaque phase, suivant trois zônes d'expansion faciles à discerner. Ces trois zônes d'expansion, distinctes, en apparence, tantôt plus larges, tantôt plus resserrées, se pénètrent entre elles, comme par des canaux ou des fils invisibles dont les modernes rayons X sont peut-être l'image secrète, insoupçonnée jusqu'à nos jours, par la science humaine, et qui permettent la combinaison mystérieuse de l'action, toujours immanente et invisible de Dieu, avec l'action coopérative et visible des hommes, dignes de seconder *activement* l'action divine :

1ère PHASE

Du 1er au 5e Siècle

Décomposition de l'Empire et du despotisme Romain

1re ZONE

Supérieure et purement spirituelle

Pénétration purement spirituelle, morale et invisible du Christianisme dans le monde Oriental et dans le monde Romain; Lutte au nom de la liberté de conscience contre le dogmatisme étroit de la synagogue et des sectes Juives, contre le paganisme officiel et contre le despotisme des Césars ; Progrès religieux, simple, individuel et intérieur, déterminé par la seule puissance morale de la prédication évangélique; L'Eglise, souterraine et persécutée pendant quatre siècles, sous l'empire du principe payen des religions d'Etat, puis triomphante sous Constantin, mais protégée et dépendante sous lui et ses successeurs jusqu'à la chûte de l'Empire Romain.

2e ZONE

Inférieure, sociale et territoriale

Progrès social simple, dû, sans aucune participation

des Pouvoirs publics, à la seule infiltration de l'Evangile, par la prédication individuelle, dans la seule sphère idéale et invisible de l'esprit et de la conscience ; décomposition lente et spontanée des cadres sociaux trop rigides, et devenus caducs, de la famille et de la société domestique payennes; Développement purement spiritualiste et simple, sous l'empire du nouveau principe de la fraternité idéale des hommes, du droit individuel de la personne humaine, régénérée par le sacrifice du Christ, quelle que fût d'ailleurs sa situation dans la cité antique, sociale ou politique ; Transformation lente de l'esclavage personnel, par suite des affranchissements individuels, de plus en plus nombreux, sous la suggestion de la nouvelle croyance, et de l'établissement presque général du servage rural, plus ou moins adouci, dû aux initiatives privées, même en dehors de l'influence chrétienne.

3e ZONE

Politique, intermédiaire ou mixte

Progrès politique nul, le despotisme absolu des Empereurs, et la savante centralisation romaine ayant étouffé, peu à peu, tous les organes intérieurs de vitalité politique, et tari, jusque dans leurs profondeurs les plus secrètes, les sources mêmes de ce progrès.

2ème PHASE

Du 5e au 15e Siècle

MOYEN-AGE

Droits Nationaux

Formation empirique des Etats barbares, de la féodalité territoriale et des droits nationaux coutumiers.

X

Droit International

Tentative empirique de création d'un grand fédéralisme chrétien, sous la suprématie spirituelle de la Papauté, considérée comme puissance internationale simple.

1re ZONE

Progrès religieux dans les consciences, soumis à toutes les causes de confusions et de fluctuations violentes, qui ont présidé à la formation embryonnaire des nations chrétiennes, et aux rapports de l'Eglise, comme puissance organisée, tant avec l'Empire Grec, qu'avec les Etats barbares ; En Orient, l'Eglise restée protégée et dominée, par le pouvoir des Empereurs Grecs, anémiée et amoindrie par cette protection même, qui la conduit aux subtilités byzantines et au schisme ; En Occident, l'Eglise à la fois protectrice des populations conquises par les barbares, protectrice et protégée des conquérants ; tantôt dominatrice, et entraînée par une pente presque fatale, à donner à sa puissance morale le caractère violent des barbares, entrés dans sa hiérarchie; tantôt dominée et violentée elle même par ses nouveaux maîtres, toujours troublée par la question complexe des rapports du spirituel et du temporel, pour laquelle le moyen-âge n'a connu que des trèves, sans sincérité de part ni d'autre, parce que de part et d'autre, on avait l'arrière pensée de la domination ; Lutte du Christianisme et de l'Islamisme à partir du 7e siècle ; refoulement du Christianisme hors de l'Asie, de l'Afrique et de l'Espagne, résistance momentanément heureuse de l'Europe chrétienne,sous Charles Martel,puis en Espagne, contre ce premier flot du Mahométisme, retours offensifs vers l'Orient, tentés par les Croisades ; recrudescence et second flot de la poussée musulmane sous les Turcs ottomans, décadence définitive de l'Empire Grec, prise de Constantinople,et expansion de l'Islamisme jusqu'aux Balkans et au Danube.

2e ZONE

Progrès social complexe, produit par la double puissance morale de la prédication Evangélique, et de l'exemple des fusions partout réalisées entre le droit romain, les droits barbares ou coutumiers, et le droit canonique ; Destruction définitive des cadres étouffants de la centralisation romaine ; Organisation empirique des Gouvernements barbares, animés d'un souffle rajeuni d'énergie personnelle, dont le monde romain avait perdu le souvenir ; Création spontanée des cadres sociaux adoucis de la famille chrétienne, et des petites sociétés agricoles et industrielles, animées du sentiment de la solidarité *interne* de leurs membres, mais dénuées du sentiment de solidarité *externe* avec les autres unités sociales, même similaires ; Constitution de la solidarité féodale et nobiliaire ; formation des petites corporations religieuses, autonomes et fermées, ayant aussi le sentiment très vif de la solidarité interne de leurs membres, mais bornant à cette solidarité étroite et jalouse l'idéal chrétien de la fraternité des hommes ; formation parallèle des petits organismes sociaux d'arts et de métiers, et des petites sociétés communales, industrielles et commerciales, renfermant trop strictement encore l'individu dans sa fonction sociale, vouées, comme la féodalite nobiliaire à l'individualisme corporatif simple, et réfractaires, comme elle, à l'idée de nationalité et de patrie ; sanction légale des privilèges et des monopoles de toutes sortes, réclamée par tous les hommes du Temps, comme nécessaires pour la protection de l'ordre social, dans les limites étroites où le sentiment de la solidarité chrétienne se trouvait alors forcément renfermé.

3e ZONE

Progrès politique, toujours nul pour deux causes : 1° les Royautés autour desquelles se sont concentrés les Etats nouveaux, ont toutes été, pendant le Moyen-âge, trop faibles pour donner corps à l'idée de nationalité vraiment politique, 2° les petites unités morales, féodales, communales ou simplement professionnelles du Moyen-âge sont restées les unes respectivement aux autres, réfractaires à tout sentiment actif de solidarité externe, et incapables de s'élever par elles-mêmes, à la notion agrandie de la solidarité nationale et complète, qui seule peut nourrir dans les sociétés humaines le germe de la vitalité politique et équilibrée.

3ème PHASE

du 15e Siècle jusqu'à nos jours

AGE MODERNE

X

Droits Nationaux

Formation semi-empirique, semi-méthodique, des grands Etats modernes ; déchéance de la féodalité territoriale. Droits nationaux autonomes et écrits.

Droit International

Effacement de la Papauté comme puissance internationale, simple et autonome ; remplacement de l'idée d'un fédéralisme idéal chrétien, par celle d'un équilibre empirique Européen.

1re ZONE

Progrès religieux, non seulement stationnaire, mais en apparence diminué, d'abord sous l'action de la Réforme, qui, avec les princes protestants, a ravivé dans le domaine supérieur de l'Esprit, le principe antique des religions locales et particulières, *religio principis*, *religio regionis*, et n'a abouti qu'à l'éparpillement sans fin des sectes Evangéliques ; ensuite, sous l'action usurpatrice, des grandes royautés Catholiques, cherchant, comme les Rois d'Espagne et Louis XIV, et de nos jours comme Napoléon, à faire du clergé un instrument de règne, et enfin sous les défiances invétérées des Etats modernes, visant tous à renfermer de plus en plus l'Eglise dans l'enseignement purement individuel, et dans les sphères d'actions étroites des sacristies.

2e ZONE

Progrès social plus accentué ; décadence et absorption lente de la féodalité territoriale et anarchique du Moyen-âge, sous la centralisation des Etats modernes, puisant dans l'extension de leurs limites, et dans le perfectionnement de leur mécanisme gouvernemental, recréé par les légistes et les financiers, à l'imitation de la centralisation romaine, une puissance régulière et un esprit de suite, dont les petites souverainetés du Moyen-âge n'étaient pas susceptibles ; nivellement progressif, sous le despotisme royal ou impérial, égal pour tous, et sous le despotisme anonyme des Républiques, des derniers vestiges des castes et des privilèges féodaux ; développement autonome, sous la tolérance inquiète de l'Etat, des grandes corporations religieuses, se mêlant de plus en plus activement à la vie sociale ; développement parallèle, également autonome et toléré, des grandes associations maritimes, commerciales et industrielles, aspirant à remplacer l'ancienne féodalité personnelle et territoriale, par une nouvelle féodalité financière, industrielle et anonyme, capable de dominer clandestinement les Etats ; Constitution définitive des grands Etats territoriaux modernes, puissamment pénétrés du sentiment nouveau d'une grande solidarité nationale, formant le lien matériel, et le cadre solide, inconnu au Moyen-âge, de leur unité politique.

3e ZONE

Aspirations de plus en plus générales, mais rudimentaires et empiriques, vers le progrès politique *intérieur*, progrès purement illusoire, consistant simplement à changer de maîtres ; les hommes, subissant, par une juste punition providentielle, des maîtres de plus en plus insolents, ou de plus en plus hypocrites, et surtout de plus en plus grossiers, à mesure qu'ils descendent les divers degrés de l'échelle des despotismes humains ; affirmations de plus en plus nettes de la nécessité d'assemblées représentatives, produits d'élections libres, et organes intérieurs des besoins politiques des nations régulièrement constituées ; aspirations instinctives d'un équilibre constitutionnel et interne, entre ces organes, par analogie de l'équilibre interne des organes essentiels de la vie dans le corps humain ; illusions générales des politiciens de tous les régimes sur les conditions de cet équilibre, et sur les garanties nécessaires de l'exercice du droit de représentation politique ; incohérence des premiers types d'assemblées parlementaires et individualistes ; incohérence, fausseté et corruption des premiers essais d'application du droit de suffrage politique ; désillusions générales, allant jusqu'à la désespérance, et au mépris universel de toutes les autorités constituées, quand les masses, égarées et souffrantes, commencent à s'apercevoir des aveuglantes illusions de leurs conducteurs politiques, anciens et nouveaux, et à comprendre l'irrémédiable impuissance des mécanismes gouvernementaux, quels qu'ils soient, monarchiques ou républicains, constitués sans égard à la loi de solidarité et d'équilibre effectif, entre les organes délicats, qui doivent fonctionner dans les grandes nations, matériellement constituées.

C'est à cet état de découragement, d'impuissance et de caducité, prématurément sénile, que les principales nations progressives semblent aujourd'hui acculées. Leur état politique semble justifier cette vision pessimiste, que l'histoire est un perpétuel recommencement, par cercles vicieux.

---

§ III.

Insuffisance des liens sociaux et purement religieux. — Nécessité de leur doublement par des liens territoriaux et politiques.

Les liens sociaux, qui se sont spontanément formés, pendant ces trois phases, ont donné aux sociétés Européennes et à celles qu'elles ont fondées, depuis la découverte du nouveau monde Américain, un certain caractère d'unité générale, tiré de la foi chrétienne. Mais l'unité n'a pu être que précaire et superficielle, parce que les liens politiques ont été nuls, ou marqués d'un caractère évident d'inexpérience et d'exubérance enfantine, et d'ailleurs parce que les liens sociaux seuls, simplement religieux, ne déterminent de véritable cohésion qu'entre les individus, et les personnalités morales simples, qui peuvent se former, dans de petites sociétés homogènes, analogues à celles des deux premières phases chrétiennes. L'expérience historique des nations chrétiennes depuis la Renaissance, et celle des peuples restés en dehors de l'influence chrétienne, ne laisse aucun doute sur cette insuffisance du lien simplement religieux, pour les besoins d'ordre général, dans les grandes nations parvenues *économiquement* au régime du grand commerce et de la grande industrie, et mûres pour la vitalité politique complète.

Quand les problèmes de la grande industrie et du grand commerce se posent dans les grandes agglomérations nationales, il devient évident que les prévoyances purement individuelles ou familiales, et celles des petites associations particulières simples, sont impuissantes, à raison de leur étroitesse même, pour donner satisfaction à des besoins nouveaux et compliqués, qui surprennent les intelligences individuelles les plus attentives, et les plus étendues. Les petites associations particulières simples, se révèlent même souvent alors comme dangereuses et destructives, à raison de la férocité inconsciente des égoïsmes collectifs, fortement organisés, qui parviennent à s'y développer, sans aucun contrepoids intérieur ; et alors si les sociétés humaines ne deviennent pas capables de renforcer, en elles, les liens simplement religieux et sociaux, par des liens politiques qui les doublent, ou les remplacent momentanément, là où ils manquent, les sociétés s'affaissent dans une immobilité à la fois enfantine et sénile, où elles se déchirent dans des convulsions internes, prodromes de mortelles décompositions.

L'histoire des peuples inspirés par des religions autres que la religion chrétienne, et qui n'ont pu, ni s'élever au-dessus du régime économique de la petite industrie, ni créer en eux les cadres fixes de la vitalité politique et nationale, justifie plus particulièrement cette affirmation.

L'impuissance des peuples de l'Asie centrale et de l'Indoustan à s'élever au-dessus du régime théocratique des castes, et du régime économique de la petite industrie, leur inaptitude à toute vitalité politique, les maintiennent depuis les Temps historiques à l'état de peuplades sans cohésion et sans consistance, proies faciles de tous les conquérants.

Les peuples de la Chine et du Japon se sont montrés, grâce à leurs régimes de savante féodalité administrative, plus concentrés et plus forts que les peuples de l'Inde ; leur féodalité territoriale a été moins anarchique que celle de l'Europe ; leur régime économique de petite industrie a été plus habile et plus délicat que celui de l'Occident; mais l'absence de toute vitalité politique les a laissés depuis plus de mille ans, immobilisés dans une enfance sénile, d'où leur isolement systématique les a d'ailleurs empêchés, même de chercher à sortir. De nos jours, et depuis environ quarante ans, le Japon essaie, en s'inspirant de l'exemple de l'Europe, de secouer sa torpeur. Il a en 1868, par un simple coup d'Etat administratif, aboli sa féodalité territoriale, au profit du pouvoir central et religieux du Mikado; il s'élève en ce moment au-dessus du régime économique de la petite industrie, et il essaie même de s'inoculer le ferment d'institutions politiques analogues au parlementarisme Européen. L'Evolution qu'il a faite en un quart de siècle, avait coûté à l'Europe quatre ou cinq siècles de tiraillements et de luttes ; elle a déjà produit au Japon des résultats assez importants, surtout au point de vue économique, et par la création de la grande industrie, pour que le Japon se révèle, au fond de l'Extrême-Orient, comme une menace pour l'industrie des peuples chrétiens. Mais le ciment du temps manque encore à son œuvre ; il est permis de se demander d'ailleurs, si des institutions politiques peuvent être, dans les sociétés humaines, des articles d'importation.

Les récents évènements d'Abyssinie, viennent de révéler à l'Europe l'existence, à peine soupconnée, d'un petit peuple, qui grâce à son unité religieuse, a échappé depuis douze cents ans aux assauts de l'islamisme, et à l'éparpillement des peuplades Africaines; bien que séparé de tout contact avec l'Europe chrétienne, il a constitué en lui, comme germe d'une vitalité nationale et semi-politique naissante, une féodalité territoriale et religieuse, qui semble une copie de la féodalité chrétienne du Moyen-âge, avec un mélange de régime social et patriarcal, propre à l'antique Orient ; mais le cadre inaccessible de montagnes, qui a sauvé l'Abyssinie, était trop étroit pour que le progrès économique, et la vitalité politique pussent se développer en elle. L'Abyssinie semble stationnaire dans l'état qu'elle pouvait présenter il y a dix-huit cents ans.

Les populations Musulmanes sont restées, au point de vue de l'évolution industrielle, et surtout à celui de l'évolution politique, plus arriérées que la Chine et le Japon. Elles avaient paru, du VIIe au XVIe siècles, sous l'empire du seul principe de l'unité religieuse, susceptibles de constituer des empires plus vastes et plus solides que ceux de l'ancienne Egypte et de l'Assyrie. Mais, tout d'un coup, après neuf siècles d'expansion éclatante, elles se sont affaissées sur elles-mêmes, sans avoir pu dépasser l'état social de la famille patriarcale, de la petite culture et de la petite industrie, et sans avoir pu créer en elles-mêmes un régime administratif, quelque peu régulier. Elles se sont montrées absolument incapables de greffer en elles, par imitation de l'Europe, des germes d'institutions politiques que quelques-uns de leurs hommes d'Etat ont tenté depuis cinquante ans d'y importer, et aujourd'hui, ces populations s'émiettent dans une somnolence plus profonde et plus irrémédiable encore que celle de la Chine et de l'empire Romain.

Mais si l'éclosion de la vitalité politique, dans les sociétés chrétiennes a été jusqu'à présent pour elles une des causes incontestables de l'éclatante supériorité qu'elles ont sur les autres agglomérations humaines, il faut reconnaître aussi que ces explosions ont eu un tel caractère d'inexpérience, de violence et d'incohérence, que les nations chrétiennes au lieu de trouver un moyen d'améliorer leur état social, dans les droits politiques consacrés par les lois humaines, n'y ont trouvé que d'amères déceptions.

Les liens politiques que *la science des gouvernements Temporels aurait dû constituer* dans les sociétés modernes pour renforcer les liens religieux relâchés, ou pour suppléer à leur absence, n'existent encore, dans les nations les plus avancées, qu'à l'état de cadres inertes ; ils y forment, comme des gaines ou des canaux prêts à recevoir le sang vivifié de la régénération chrétienne ; mais la chaleur et la vie ne peuvent pas y circuler encore, parce qu'au lieu d'y introduire les ferments purifiants de la justice, de l'égalité et de la solidarité Evangéliques, les politiciens modernes les ont remplis, sous de mensongères étiquettes, des vieux virus renforcés de l'ancien despotisme, et des anciennes séparations absolues. Les cadres politiques des nations, partout ébauchés malgré les Gouvernements, y sont devenus, entre leurs mains et par leurs lois, comme des cavernes de voleurs, et suivant le pronostic de l'Evangile, comme des tanières de renards, alors que le représentant du Fils de l'homme est menacé de ne pas avoir où reposer sa tête. Les causes évidentes de l'anxiété générale du monde moderne, se ressentent des mensongères promesses des lois politiques, comparées avec les tristes réalités qui en découlent. *Quidquid delirant reges, plectuntur Achivi.* Tout est confusion et trouble chez les modernes Achéens.

---

§ IV.

Rôle nouveau imposé à l'Eglise, sans qu'elle l'ait recherché, par l'évolution politique intérieure des Etats modernes, depuis la fin du XVIIIe *et pendant tout le* XIXe *siècles.*

L'Eglise Catholique est restée, depuis l'éclosion empirique de la vitalité politique moderne, enfermée dans la sphère réservée de l'enseignement des dogmes et de la morale individuelle chrétienne, où tous les Gouvernements temporels l'ont reléguée.

Mais aujourd'hui, en présence des grands périls révélés par les souffrances sociales, en présence de ce qu'il est permis d'appeler la banqueroute des Gouvernements, après la banqueroute de la science individuelle, pour tout ce qui dépasse la sphère du progrès matériel, l'Eglise s'est émue. Par la voix de ses souverains Pontifes, Elle a proféré au-dessus des foules la grande parole du Christ, avant le miracle de la multiplication des cinq pains et des deux poissons : *Misereos super turbam*. Devant la parole tombée de la chaire de Saint-Pierre, le monde politique, à son tour, s'est étonné, et il a commencé à comprendre que l'Eglise pouvait avoir, de nos jours, le devoir d'assumer hautement un rôle, dont il n'existe pas de précédents caractérisés dans le passé.

En réalité, l'Eglise exerce ce rôle nouveau, dans l'Europe moderne, depuis plus de cent ans, sans que l'on ait bien discerné, au milieu des fracas et sous les confusions qui ont marqué la fin du XVIIIe et tout le XIXe siècles, en quoi ce rôle nouveau n'est que la continuation de l'action morale exercée par Elle depuis son origine, et en quoi consiste la nouveauté apparente de son développement.

De nos jours, il devient facile de faire cette distinction.

Le rôle de l'Eglise, dans les sociétés humaines, est nécessairement double et complexe à raison de son caractère divin et humain, indivisible; Elle doit agir moralement sur le monde : 1° internationalement, par sa hiérarchie organisée, qui en fait, même au point de vue humain, une puissance d'ordre international, la première et la seule de cet ordre que les hommes connaissent (c'est le rôle qu'elle a ostensiblement exercé au Moyen-âge) ; 2° nationalement, dans le sein de chaque nation, par ses fidèles, en vertu de leur seule qualité d'hommes, et indépendamment de toute hiérarchie. Dans le droit antique, ceux-ci, prêtres ou laïcs, étaient partout des sujets passifs;

mais dans le droit moderne, ils sont presque partout devenus citoyens; c'est de là que vient, sans que l'Eglise l'ait recherché, son rôle nouveau.

L'Eglise, comme société spirituelle, doit rester dans sa hiérarchie sacerdotale, résumée et couronnée par le souverain Pontife, comme elle l'a été, depuis la formation organique des nations chrétiennes, une puissance d'ordre international, mêlée par ses principes et par sa méthode, à tous les grands mouvements des sociétés. Elle a été et elle restera la grande inspiratrice, et la grande collaboratrice du droit international moderne, aussi bien au point de vue du droit international public, que du droit international privé. Le droit international lui a emprunté sa méthode de formation : l'égalité et l'unanimité des puissances et des consentements, pour les décisions communes à prendre ; il lui a emprunté sa sanction toute morale : le respect de la foi dans la parole donnée ; il lui a emprunté ses principes : l'unité et la solidarité du genre humain, l'Egalité des nations constituées, quelles que soient les différences de leurs territoires, de leurs nombres et de leurs forces ; et enfin la nécessité de la justice, même quand l'injustice s'abrite derrière les nécessités apparentes de la raison d'Etat.

A ce point de vue, le rôle de l'Eglise à l'égard des puissances temporelles n'a pas changé.

Mais au point de vue des droits nationaux intérieurs, en étudiant les conditions et le caractère du rôle de la Religion chrétienne, dans le jeu des mécanismes de la souveraineté intérieure des Etats modernes, on est frappé de la nouveauté qui s'y est introduite, et de la souplesse avec laquelle l'Eglise peut, comme elle pourra toujours, se prêter, en restant immuable dans la doctrine Evangélique, à toutes les évolutions progressives de l'humanité.

Dans les premières manifestations de la vitalité politique des peuples chrétiens, l'Eglise était partout un Etat dans l'Etat.

Le droit moderne, particulièrement le droit français, unitaire dans son principe et dans sa méthode, repousse d'une manière absolue la vieille pratique Hindou, Juive, Grecque et barbare des peuplades confédérées simples, et des groupements féodaux du Moyen-âge, c'est-à-dire la pratique des Etats dans l'Etat.

Les droits fédéraux modernes, plus compliqués que les droits fédéraux de l'ancien monde, ne condamnent pas encore cette maxime, d'une manière absolue, mais ils l'ont déjà idéalement entamée. Le droit fédéral Allemand, plus despotique que le droit fédéral Suisse, et que le droit fédéral Américain, se constitue sous nos yeux, sous le principe de l'hégémonie Prussienne ; Il tend, sous des formules hypocrites qui ne seront peut-être pas longtemps subies sans certaines résistances particularistes, à ne voir dans les Etats fédérés que de simples cadres administratifs, sous le Pouvoir écrasant du chef de la confédération. La marche des nations vers le progrès politique intérieur semble donc partout, dans les Etats unitaires, comme dans les Etats fédéralistes, devoir faire régner, de gré ou de force, dans la constitution de leurs pouvoirs publics organisés, le principe d'ordre chrétien, qui est en même temps un principe incontestable du droit français : pas d'églises dans l'Eglise, pas d'Etats dans l'Etat. Dès lors, rester matériellement isolée en apparence dans sa hiérarchie intégrale, au-dessus et en dehors des organismes constitutionnels et politiques imparfaits des nations, sans les contacts directs, matériels ou personnels ou sans les alliances intérieures ou extérieures, d'un caractère purement national ou mixte, qu'elle a subies dans le passé, c'est en réalité, pour l'Eglise, bien que sous l'apparence d'une nouveauté presque redoutable pour sa vie matérielle, rester entièrement dans son propre principe, et vivre suivant sa véritable constitution divine Mon Royaume n'est pas de ce monde terrestre, a dit Jésus. L'Eglise constituée dans sa hiérarchie, en vertu de cette parole, est au-dessus du Monde ; elle doit planer partout, au-dessus de toutes les nations, une, entière et indivisée comme la robe sans couture de Jésus. Chercher à se replacer comme corps organisé, dans le mécanisme intérieur des

Etats, ce serait pour elle déchoir. Il ne saurait en effet y avoir en elle, comme entre les Royaumes des hommes, de catégories absolues d'aucune sorte, ni nationales ni autres, et ce que la vieille monarchie française a tenté de constituer sous le nom d'Eglise Gallicane, n'a jamais été, aux yeux de l'Eglise, qu'un subterfuge de légistes et un non-sens.

Mais si l'Eglise, dans sa hiérarchie supérieure et internationale, doit rester, en vertu de sa constitution divine, en dehors des constitutions intérieures des Etats modernes, si le banc des cardinaux qui lui a été offert dans le Sénat du second empire, a été une réminiscence funeste d'un passé suranné, l'Eglise a, en vertu du droit politique moderne lui-même, un nouvel instrument d'action, autre que ceux dont elle a dû se servir au Moyen-âge, et, dans ce moyen nouveau, elle trouvera la source de nouvelles applications plus générales et plus profondes, des principes chrétiens. C'est par ses fidèles, évêques, prêtres et laïcs, citoyens actifs, et non plus sujets passifs dans chaque nation, que l'Eglise à sa part légitime à prendre dans sa politique intérieure des Etats ; tous les fidèles ont vis-à-vis d'elle le devoir sacré de défendre le suprême intérêt religieux, partout invisible et partout présent, désormais inséparable, dans la secrète indivisibilité des consciences individuelles, du droit politique, devenu lui-même, par *l'universalité* du droit de suffrage, identique, en principe, au droit religieux. Les fidèles SONT, dans l'Etat moderne, et par le droit nouveau, *au cœur même de la cité politique.* C'est en vain qu'on voudrait les en chasser ; c'est en vain même qu'ils souffriraient d'y être traités comme des émigrés de l'intérieur ; ils ne peuvent désormais, ni être proscrits ni être dédaignés nulle part, sans que l'Etat moderne ne fausse ou ne détruise son propre principe. Il appartient aux fidèles, par leur vaillance, de se faire respecter, et, par leur douceur Evangélique, et leur patience virile, de faire comprendre, aimer et suivre, la souveraine méthode d'action de la Religion.

C'est là, la première conséquence, évidente et forcée,

pour les ennemis de l'Eglise et pour elle-même, de la grande évolution du droit moderne, inaugurée par l'organisation du droit de suffrage, soit restreint, soit surtout universel; et de cette première conséquence en découle une autre : c'est que la cause de tous les malentendus qui ont été exploités avec tant de perfidie contre l'Eglise, disparaîtra comme une fumée vaine, par cela même que les prêtres et les fidèles, confondus, sur le terrain politique, dans les foules (bien que les prêtres doivent savoir s'élever au-dessus d'elles sur le terrain religieux), n'auront à y exercer, sans aucun esprit de privilège, que les mêmes droits et les mêmes devoirs que tous les autres citoyens. Le droit commun, et le droit commun seul, sauf pour les pays où des garanties spéciales auront été consacrées pour les fidèles, par des concordats ou par des traités internationaux, sera pour eux une sauvegarde suffisante et toute puissante ; le droit commun, en matière de religion, c'est la liberté des consciences, et le respect réciproque des cultes; l'Eglise invoque partout dans les pays de missions, ce principe, qui est désormais un des fondements les plus indiscutables du droit international public. Il est également l'un des axiômes des droits nationaux intérieurs ; partout il y a sur ce point dans les Etats modernes, unité de loi, dans l'unité du territoire ; partout comme garantie souveraine de cette unité, les fidèles ont à réclamer l'abri intangible de l'égalité de traitement devant la loi; il suffit que la loi ou les concordats, là où ils existent, ne soient pas faussés contre eux, comme ils le sont aujourd'hui.

Enfin ce rôle nouveau que l'Eglise, par ses prêtres et par ses fidèles, est amenée à jouer sur le terrain des droits politiques nationaux, en vertu de l'évolution même du droit moderne, entraîne une troisième conséquence, non moins évidente, et cependant bien difficilement comprise: c'est que de même que l'Eglise, dans sa hiérarchie supérieure et internationale, a fait, depuis longtemps, abandon de l'appel au bras séculier, comme garantie de sa puissance morale dans le Monde, de même ses prêtres et ses fidèles, dans les relations d'ordre national intérieur entre eux et l'Etat, ou entre eux et les autres citoyens, doivent repousser d'une manière absolue, l'emploi de la force coercitive et *de toute violence légale, directe ou indirecte, ouverte ou hypocrite*, dans *l'organisation des pouvoirs publics* appelés à préparer et à voter les lois de l'Etat ; la seule méthode de la *vie politique* intérieure dans l'Etat moderne doit, contrairement à la méthode impériale romaine, et à celles de tous les anciens Gouvernements, consister dans l'appel à l'opinion publique pourvue de cadres réguliers, où elle puisse se produire, pour y être loyalement consultée, librement exprimée, et sincèrement traduite dans des lois méthodiquement mûries.

Cette nouvelle attitude s'impose, en politique, d'après l'évolution du droit moderne, non seulement à l'Eglise, mais aussi à ses adversaires, qui ne craignent pas de fausser leurs propres principes, pour combattre hypocritement, ou pour persécuter cyniquement la Religion. Elle n'a pas été, et n'est pas encore facilement comprise par beaucoup de membres du clergé, par suite des habitudes d'esprit, et des alliances morales, qui les rattachaient aux anciens partis, aux anciens gouvernements. Elle est cependant incontestablement conforme à la ligne générale de conduite, enseignée doctrinalement par l'Eglise depuis son origine, ligne retracée ou suivie particulièrement depuis le commencement du XIXe siècle par les souverains Pontifes; elle a été consacrée d'une manière éclatante, par les grandes Encycliques, adressées de nos jours, par le souverain pontife Léon XIII, aux nations chrétiennes.

Le pape Léon XIII a abordé, dans ses Encycliques, toutes les grandes questions, qui agitent aujourd'hui les sociétés humaines. Mais dans ces questions complexes, qui constituent ce que l'on appelle la question sociale, et qu'il serait plus juste d'appeler les questions sociales et la question de méthode politique, désormais inséparables, le Pape, comme chef de l'Eglise, ne veut exercer, ni action directe, ni action coercitive. Les principes de justice, de solidarité et de charité chrétienne sont hautement rappelés par lui, comme étant, depuis dix-neuf siècles, dans le domaine social de l'Eglise ; le Pape s'élève, avec l'autorité qui s'attache à ses paternelles espérances, contre l'impossibilité prétendue où seraient les sociétés chrétiennes, de se défendre contre les plus cruelles conséquences de l'état, économique et politique, du Temps présent. Mais, sur le terrain d'application, il se borne à prêcher à tous la recherche des moyens d'entente nécessaires, dans un esprit de paix, de justice et de charité mutuelle. Il a donné une direction générale très nette, sur laquelle aucune contestation n'est possible ; mais il ne prescrit aucune solution particulière ; et il laisse aux initiatives des Chrétiens le soin de trouver, dans les limites des principes rappelés par lui, les conditions pratiques des remèdes que chaque problème comporte, non seulement pour eux, mais pour le prochain, même ennemi.

Récemment, à l'occasion de la question brûlante de la législation française, sur ce qu'on a affublé, au mépris de la clarté de la saine langue française, du nom de droit d'accroissement, relatif aux congrégations religieuses, le souverain Pontife a été sollicité par les Evêques de donner une direction, à laquelle tous obéiraient. Le Pape a parlé, mais pour faire comprendre à tous qu'il n'avait pas, comme chef paternel de l'Eglise, à donner de commandement absolu, en vue d'une direction spéciale, ou définie par lui, et qu'il n'avait à prescrire aucune ligne de conduite particulière. Il a parlé, comme Jésus-Christ dans l'Evangile, clairement pour ceux qui reçoivent sa parole, et qui veulent l'appliquer, au lieu de suivre leurs sentiments propres, obscurément pour ceux qui ne savent ni voir ni entendre, mais qui ne veulent écouter que ce qui convient à leur parti pris. La parole du Pape du XIXe siècle a été, sur cette question d'ordre religieux, mais intérieur et spécial à la France, celle de l'Eglise et des Papes, dans les querelles si obscures du Moyen-âge : *In necessariis unitas, in dubiis libertas, in omnibus charitas.*

En même temps que l'Eglise reconnait, par la voix du souverain Pontife, qu'elle ne peut pas aborder *seule*, et surtout qu'elle ne peut pas résoudre directement les problèmes sociaux de notre siècle, les Pouvoirs Temporels et politiques sont amenés, de leur côté, par une expérience, qui a surpris leurs habitudes d'omnipotence, mais devant laquelle tous doivent s'incliner, à reconnaître, qu'eux aussi, sont incompétents pour résoudre *seuls* ces redoutables problèmes. Partout où, encore imbus de la fausse conception de l'Etat-Providence, ou de l'Etat dispensateur des biens terrestres, les Gouvernements temporels, sous prétexte de secourir les faibles et les impuissants, veulent s'ingérer, *directement et par leur autorité légale*, dans les conflits sociaux, comme les grèves de nos jours, leur ingérence, loin d'amener l'apaisement a été nuisible, et c'est toujours en dernière analyse, aux initiatives individuelles, concentrées, unifiées et disciplinées dans les associations libres, qu'il faut se résigner à demander une coopération, nécessaire et prépondérante, dans la recherche des solutions.

Aujourd'hui donc, et par l'effet même de l'évolution historique des sociétés chrétiennes, à laquelle, non seulement rien n'empêche l'Eglise de prendre part, mais à laquelle elle doit, et elle pourra prendre une part, *active* et salutaire, pour les sociétés politiques, à la seule condition qu'on ne viole pas cyniquement, ou qu'on ne fausse pas hypocritement, comme on le fait aujourd'hui, ses principes élémentaires de justice, de solidarité et d'égalité chrétienne, le concours de trois facteurs apparaît comme indispensable, pour l'étude et la solution des questions sociales, intimement liées partout à la question politique : Concours de la Religion, concours de l'Etat et concours des initiatives individuelles *organisées*. Les trois puissances, isolées, sont impuissantes ; solidarisées, dans leur liberté réciproque, par l'unité de leur but, en vue du bien commun, et dans un véritable *esprit d'entente et de respect mutuel, elles vaincront*. Seulement, ce qui ressort de l'expérience, encore purement négative, de notre temps, et de celle des générations qui nous ont précédés, c'est que dans leur œuvre de coopération mutuelle, ces trois facteurs doivent se suivre, dans un ordre, et avec des procédés méthodiques différents de ceux qui ont été employés dans le passé. Au Moyen-âge, la Religion et l'Eglise ont eu le premier rôle; Elles ont procédé par voie de persuasion,d'abord, puis par voie d'injonction et de commandement direct, en faisant trop souvent appel à la force et aux lois des Etats. Depuis la Renaissance, le premier rôle a été pris par l'Etat. Lui aussi, surtout dans les nations latines unitaires, a procédé par voie de commandement direct. Sa main, même simplement protectrice, a étouffé, comme au temps de l'empire romain, la plupart des germes semés,soit par les initiatives individuelles simples, soit par les associations privées, soit même par lui. Le commandement direct, l'impulsion directe, qu'ils viennent de l'Etat, ou qu'ils viennent de l'Eglise, qu'ils aient ou non pour auxiliaire la force coercitive, sont impuissants dans le domaine des progrès sociaux, et surtout dans le domaine particulièrement délicat, du progrès politique. Le commandement *direct*,l'autorité *dominatrice* n'ont pas accès dans les sphères supérieures, réservées à l'élaboration méthodique du droit international, ou à celle des lois constitutionnelles, créatrices des organes de la souveraineté politique intérieure des nations Ils ne peuvent agir par la force légale, que dans la sphère inférieure des conflits et des actes purement individuels ; leur puissance n'est efficace et légitime que pour la répression légale des crimes, des délits, et en général des excès ou des défaillances d'un caractère *purement personnel et particulier*.

Mais la loi de solidarité, de balance et d'équilibre entre les corps moraux et les associations volontaires, légalement constituées, quand elle sera acceptée *par les esprits supérieurs et par les hommes d'Etat*, fera ce que le commandement direct a toujours été impuissant à réaliser.

Le Temps approche, en effet, de nos jours, où les initiatives individuelles, actives, disciplinées et organisées en unités morales, dans des associations volontaires, librement et invisiblement solidarisées entre elles, se formeront assez nombreuses, avec ou sans l'assentiment de l'Etat, et seront assez puissantes, pour prendre, à leur tour, comme troisième facteur, la tète du mouvement social et politique, et remplir, sous le *contrôle élevé mais indirect*, de la Religion ou de l'Etat, le rôle de précurseur qui est leur droit et leur mission propre. Les corps moraux, et les associations volontaires, solidarisées et équilibrées, ne pourront pas, comme l'ont fait trop souvent des membres de l'Eglise, ni surtout comme tous les représentants de l'Etat moderne, *plus despote* que n'a été l'Eglise, glisser à l'égard les uns des autres, sur la pente tentante, mais dangereuse du commandement absolu. Ils ne connaissent, et ne peuvent pratiquer pour leur formation en personnalités morales, qu'une seule méthode, qui est aussi celle de l'enseignement religieux, et celle de la formation du droit international : le consentement unanime, l'acquiescement spontané des contractants, en vue du but commun, dans la liberté, l'égalité et la solidarité de tous. Ils savent que, pour la conservation de leur vitalité intérieure, les procédés de violence légale et de force matérielle sont à la fois inutiles, impuissants et dangereux ; de là à comprendre qu'ils doivent chercher, dans l'emploi des seuls moyens moraux, les conditions de leur solidarité extérieure, et de leur équilibre à l'égard les uns des autres, il n'y a qu'un pas à faire, et ce pas sera facile à franchir, quand les politiciens des classes, qui se croient dirigeantes, bien qu'elles n'aient jamais su, en économie sociale et en politique, que suivre les pentes tentantes, de leurs égoïsmes collectifs, cesseront d'entraver ou de fausser la création et la pratique des associations volontaires, autres que les leurs, par des appels incessants à l'absolutisme, soit de l'Eglise, soit de l'Etat.

Les signes précurseurs de *cette rénovation des esprits supérieurs*, commencent de nos jours à apparaître de plus en plus nombreux. Ce ne sont encore, il est vrai, que des signes négatifs, susceptibles de faire entrevoir l'impuissance des lois despotiques des hommes, et l'inefficacité de la force légale, soit dans le domaine simple de l'esprit, soit dans le domaine complexe des lois organiques et constitutionnelles d'ordre national et politique. Mais ils deviennent assez éclatants dans la sphère supérieure des grands mouvements intellectuels et invisibles, d'où découle la philosophie de l'histoire, et où s'élaborent le droit international et les constitutions des peuples, pour que les plus volontairement aveugles n'en puissent plus contester l'existence, bien qu'ils persistent encore à en méconnaître le haut enseignement.

Les plus grands esprits du XVIIIe siècle, qui ont abordé les premiers l'étude, moins, peut-être, des questions sociales, que de la question politique, encore posées devant nous comme une insoluble énigme, ont été simplement critiques et négatifs. Ils ont tout attaqué, dans le, passé ; ils ont beaucoup détruit. L'atmosphère vicié où ils ont vécu, a été purifié, à la fin du siècle, par un de ces cyclones humains, déchaînés par la terrible justice divine, qui servent à chasser des miasmes pestilentiels, et à détruire les ruines branlantes de régimes sociaux et constitutionnels épuisés. Mais sur notre terre française, qui a été le centre du cyclone soulevé par eux, qu'ont-ils fondé politiquement ?

Ils se sont posés comme les vrais apôtres des grandes aspirations théoriques de liberté, d'égalité et de fraternité, qui sont, depuis dix-neuf siècles, au point de vue social, les enseignements fondamentaux du Christianisme.

Ils ont été assez habiles pour convaincre les générations, façonnées à leur enseignement, que l'Eglise avait oublié la doctrine sociale Evangélique, et qu'ils avaient dû l'exhumer des linceuls de mort où elle semblait étouffée. Rompant avec les procédés de patience et de douceur, qui, malgré de tristes éclipses, ont été les *seuls*, *universellement* voulus par l'Eglise, rompant surtout avec la méthode historique et expérimentale, qui montre les institutions humaines découlant lentement, les unes des autres, ou se greffant insensiblement entre elles, ils ont eu la criminelle folie de la table rase ; ils ont cru avoir le pouvoir de décréter la liberté politique, par le despotisme de lois abstraites et mensongères, l'égalité sous des servitudes anonymes et hypocrites, et la fraternité par la mort.

Une conséquence indirecte de leur influence, la plus néfaste, puisqu'elle pèse encore, particulièrement sur la France, malgré cent ans de mécomptes, encourus à leur suite, a été l'entraînement vers des mirages trompeurs, et la violence dans les illusions.

Le XIXe siècle a été plus complexe, plus scientifique, et plus circonspect. Il a eu la méfiance méthodique des affirmations de principes, hasardées sans les méthodes adéquates, nécessaires à leur réalisation pratique, qui avaient égaré le XVIIIe siècle ; mais cette méfiance l'a laissé en proie au sceptiscisme, au découragement, aux angoisses du vide, ou aux frissons troublants d'aspirations psychologiques inassouvies.

Parmi ses grands esprits, il s'est formé deux courants contraires : l'un qui a continué les sèches traditions négatives du XVIIIe siècle, ses illusions théoriques humanitaires, et qui reste encore fidèle à la tradition romaine reprise par le XVIe, XVIIe et XVIIIe siècles, de l'efficacité du despotisme de l'Etat ; l'autre, qui est resté attaché, ou est revenu à la tradition chrétienne, et demande à l'Evangile les solutions saines, transcendantes, affranchies de toute sanction coercitive, qu'une science superficielle est incapable de trouver. Entre ces deux courants, beaucoup d'esprits supérieurs flottent encore, indifférents aux dogmes chrétiens, sceptiques à toute foi virile, défiants, avant tout, de l'esprit absolutiste et dominateur de certains prêtres catholiques, mais pénétrés de la nécessité sociale de la morale Evangélique, et de plus en plus rapprochés de l'idéal chrétien, par la double vision des résultats positifs, de l'action du Christianisme sur les progrès ménagés des grandes sociétés humaines, et des résultats négatifs ou sinistres des systèmes des politiciens, ennemis ou maladroits amis, de la Religion. Dans ces milieux moyens, on prêche, comme dans l'Eglise, le renoncement à toute volonté arbitraire, en politique, et la nécessité sociale de l'abnégation, du dévouement et du sacrifice. On sait que l'aspiration instinctive de toute intelligence humaine est l'impersonnalité, dans ses conceptions théoriques, dans la contemplation de l'éternel Beau et de l'éternel Bien. L'identité de l'idéal chrétien, même simplement terrestre, avec le but des plus hautes philosophies humaines est évidente ; les livres les plus récents des hommes, qui se flattent dans ces milieux moyens, de personnifier la libre pensée moderne, semblent, dans quelques-unes de leurs pages, écrits par des ascètes chrétiens.

Mais, de nos jours, plus que jamais, les esprits qui s'élèvent jusqu'à la véritable intelligence de la loi psychologique, sociale et politique, du renoncement personnel, et du sacrifice spirituel et volontaire, s'arrêtent devant cette question, en apparence insoluble, qui a été celle de la Vierge-mère, à l'annonce de la venue du Christ : « *Quomodo fiat hoc, quia virum non cognosco* ». Comment cette abnégation ineffable et toute puissante du Moi, qui est la règle éternelle et nécessaire du Monde invisible des esprits, comment ce règne, toujours attendu et toujours fuyant, de la justice sociale et de la vérité politique, deviendra-t-il, dans nos sociétés névrosées, une réalité sensible, non pas seulement pour les individus et pour leur salut personnel, mais pour les unités collectives humaines, organisées en corps de nations ?

On se dit, en secret : il faudrait un miracle. Mais sur la plupart des degrés, invisibles et ouverts, du Monde des Esprits, sur les hauteurs au-delà desquelles s'épanouit, éternel et sans limites, le Royaume de Dieu, on ne veut plus, ou on ose à peine croire au mystère, dont nous sortons, qui nous enveloppe et dont nous vivons, ni aux miracles c'est-à-dire aux manifestations, énigmatiques et à demi voilées, dans le Temps et dans l'espace, de l'inévitable et invisible mystère, manifestations dont nous sommes, et dont nous nous sentons intimement être, entre toutes, la plus merveilleuse, la plus incompréhensible, et en même temps, la plus incontestable pour notre raison individuelle, simple et isolée.

Et cependant, par une de ces ironies, qui sont des avertissements providentiels, dans les époques critiques de la vie du Monde, on demande, dans les milieux formés en dehors du Christianisme, une sorte de double miracle plus grand que tous les autres : La Découverte d'une philosophie transcendante, sans Dieu, sans dogmes et sans culte, qui ne pourrait attirer à elle, que quelques esprits supérieurs, dans l'olympienne et égoïste sérénité d'un Platon, d'un Gœthe, d'un Schopenhauer ou d'un Victor Hugo ; et la réapparition d'un nouveau César, plus grand que César, Alexandre et Napoléon, qui fasse l'unité et l'ordre dans nos sociétés déséquilibrées, en leur imposant la paix Romaine, Chinoise ou Musulmane, c'est-à-dire la somnolence des tourbes humaines, sous le glaive, dans le marasme et dans la corruption.

On ne veut pas comprendre, malgré les éclatantes leçons de choses de l'histoire, que cette somnolence abétie des masses et cette contemplation isolée de quelques grands esprits, corruptrice, même de l'esprit incorruptible, sont la punition providentielle des peuples, chez lesquels la Religion commune, comme dans l'Inde ou dans les pays Musulmans, où des Mandarinats théocratiques, littéraires ou scientifiques, comme en Chine ou au Japon, restent trop longtemps, dominateurs ou dominés, incorporés à l'Etat, ou séparément incorporés entre eux, sans solidarité avec d'autres corps organisés, comme eux, dans l'Etat.

On se croit plutôt volontiers, et l'on veut toujours être, comme les Saint-Simonniens de Mesnilmontant, des Mandarins et des Sauveurs de l'humanité.

Il n'y a pas d'autre Sauveur pour l'humanité, dans ses unités nationales méthodiquement organisées , que Notre-Seigneur Jésus-Christ, et il n'y a pas à chercher d'autre méthode ou d'autre sanction efficace d'unité parmi les hommes, que celle annoncée par Jésus, il y a dix-neuf siècles, dans le précepte du renoncement dans l'amour mutuel à *toute volonté humaine*, propre et purement personnelle. Jésus-Christ a donné, pour l'esprit, la méthode de direction et d'unité intégrale, lorsqu'il a dit *aux foules*, assemblées autour de lui sur la Montagne : « Exprimez-vous ainsi; oui, cela est, non, cela n'est pas, ce qui se dit de plus vient d'un mauvais principe ». La foi, positive dans les foules, avivée par l'espérance et par la charité, la foi, même négative, dans le *non possumus*, capable de supporter persécution, sans espérance terrestre, en pardonnant aux bourreaux, la foi de l'enfant, du charbonnier et du vrai savant, a suffi à l'Eglise, et elle suffira aux peuples chrétiens et progressifs, pour les préserver désormais des mortelles conséquences *des dernières tyrannies humaines*, les plus dures et les plus honteuses à supporter, issues directement des foules, inorganiques et anonymes. Seulement, suivant le pronostic de l'Evangile, les hommes ont eu des oreilles pour ne pas entendre, et des yeux pour ne pas voir. Leurs applications sociales, et surtout leurs applications politiques de l'Evangile, étroites et souvent réfractaires, se sont traînées douloureusement, à travers des cercles vicieux d'épreuves, mixtes ou négatives, dont notre génération anxieuse n'entrevoit pas encore la fin. Cette fin peut, toutefois, même à la lueur des tristes expériences modernes, n'être plus considérée comme une inexorable impossibilité, pour les nations matériellement constituées. Bien que l'histoire du XIXe siècle ne permette pas encore de dire quels seront les développements positifs nouveaux, dont la méthode Evangélique sera susceptible, à partir du jour où tombera la cataracte qui aveugle encore les classes dirigeantes, elle permet, au moins, d'affirmer quelles sont les solutions négatives, vers lesquelles les nations chrétiennes, *parvenues les premières à la puberté politique*, ne doivent plus revenir, ou dans lesquelles elles ne doivent pas persister à piétiner.

---

§ V.

Il faut choisir, par nations, entre la voie antique et sans issue, du despotisme de l'Etat, sur tous, par le despotisme d'un des organes de l'Etat sur les autres, et la voie nouvelle et ascendante de la justice politique, par l'équilibre des organes constitutionnels de l'Etat entre eux — Pronostics d'avenir.

Deux sphères de l'activité intellectuelle des sociétés humaines progressives, s'élèvent aujourd'hui au-dessus de l'horizon borné des institutions d'ordre purement social, et il apparait désormais, en vertu d'expériences de plus en plus éclatantes, confirmatives de l'enseignement théorique de l'Eglise, que la force et les sanctions coercitives humaines fondées sur la force, ne doivent y avoir aucun accès. La première, et la plus haute de ces sphères, est celle des religions ; je voudrais pouvoir simplement dire : celle de LA RELIGION ; la seconde, parallèle, et moins haute parce qu'elle n'est pas universelle, est celle des lois purement politiques, constitutionnelles et organiques des Etats. Cette dernière ne se dessinera nettement que dans les sociétés les plus avancées.

Les hommes d'Etat et les politiciens modernes, tendent toujours, plagiaires des hommes d'Etat antiques, à faire pénétrer dans ces sphères supérieures, au risque des plus graves troubles sociaux, la force masquée sous les lois faites par eux. Le despotisme légal parait toujours, au premier abord, un moyen commode et péremptoire de Gouvernement. Mais, pour les sociétés modernes, et dans les deux sphères d'activité supérieure, le despotisme légal devient, très vite, fatal aux hommes d'Etat et aux politiciens, qui y recourent, parce que, en leur donnant une sécurité fausse, il exalte en eux le sentiment malsain de leur personnalité simple et dominatrice ; il est surtout fatal aux peuples qui le subissent, croyant y trouver un abri, au moins momentané, parce qu'ils s'abdiquent et s'énervent en le subissant.

L'histoire du XIXe siècle, renferme sur ce double enseignement, d'éclatants exemples qu'on ne saurait trop méditer. Puissent ces enseignements n'être pas inutiles !

Sous les évènements courants de l'histoire contemporaine, se révèlent d'ailleurs des pronostics, qui permettent d'espérer que les hommes d'Etat de l'avenir, moins aveugles que ceux du présent, sauront trouver la voie ascendante, à laquelle les nations constituées devront s'élever.

Les plus grands évènements de l'histoire du XIXe siècle se sont déroulés, autour du nom des Napoléons, et autour de l'Institution divine et humaine de la Papauté.

Napoléon Ier a été la personnification la plus éclatante de la force antique, appuyée sur les lois, les hommages et l'admiration des hommes.

La Papauté est restée le symbole de l'extrême faiblesse matérielle, bafouée par les hommes, mais invisiblement appuyée sur Dieu.

Napoléon Ier, sûr de sa force, et fier de son génie, devant lequel avait plié tous les puissants de la terre, s'est moralement brisé, avant de succomber matériellement sous la coalition Européenne, devant la faiblesse de l'Espagne qu'il dédaignait, et devant celle du vieillard captif, qu'il avait séquestré à Savone, et traîné à Fontainebleau.

Avec Napoléon III, Mr de Cavour et Mr de Bismarck, confiants dans leurs génies de conspirateurs, ont voulu, eux aussi, toucher à l'Eglise et à la Papauté. Ils se sont tous heurtés contre le secret mystérieux de cette invincible faiblesse. Mr de Cavour et Victor-Emmanuel n'osaient pas entrer dans Rome ; depuis 1870, la violation de la Porta Pia mine lentement l'Italie. Napoléon III, dupe de ses complices, a fait de la France leur victime, encore saignante. M. de Bismarck a attaché, au flanc de l'Allemagne, dans l'Alsace-Lorraine, un poids qui l'écrase, en accablant l'Europe entière. Il se flattait de cimenter son œuvre de violence, d'astuce et de haine, par le Kulturcamp, dont il croyait faire un lien pour l'Allemagne nouvelle ; il a senti ce lien factice se briser entre ses mains, et avant de s'éteindre, frappé par son Empereur, dans une vieillesse chagrine et sans prestige, il a entrevu son Canossa.

Mais avant de se heurter contre la faiblesse des souverains Pontifes, Napoléon Ier et Mr de Bismarck avaient servi les desseins de Dieu sur le Monde : Napoléon, en négociant avec Pie VII, malgré les sarcasmes des politiciens de son entourage, le rétablissement du culte chrétien, et Mr de Bismarck, lors de sa querelle avec l'Espagne, en désignant à l'Europe étonnée, dans le souverain Pontife, le doux et grand pacificateur, qui, dans la personne de Léon XIII ou dans celle d'un de ses successeurs, fera enfin pénétrer, dans le droit positif des nations modernes, l'Institution providentielle, encore naissante et précaire, des arbitrages internationaux *permanents*.

C'est ainsi que les grands destructeurs du XIXe siècle ont, non seulement montré aux hommes l'impuissance de leur force, mais qu'ils ont semé, eux-mêmes, dans le monde, les germes des remèdes nécessaires contre les maux que leur ambition et leur orgueil ont déchaînés.

En quel temps de l'histoire moderne, sauf celui ou la miraculeuse mission de Jeanne d'Arc a sauvé la nationalité française, mal défendue par son Roi, trahie, au profit des Anglais, par le plus grand de ses princes, par ses docteurs et ses théologiens de l'Université de Paris, et par un évêque en rupture de son diocèse, en quel autre temps, l'impuissance de la force, la toute puissance de la faiblesse, et l'imprescriptible ascendant du droit, immanent, bien qu'invisible, ont-ils apparu au Monde, avec l'éclat, qui, de nos jours, a entouré Pie IX, et qui rayonne en Léon XIII ?

D'autres symptômes brillent encore, dans le droit positif des nations modernes, s'élevant tous les, jours de plus en plus nombreux, au-dessus des décrépitudes du passé, et des impuissantes négations du présent.

Ces symptômes, concordant avec les enseignements Evangéliques, aboutissent tous au principe supérieur et international de la neutralisation de l'Eglise, au milieu des pouvoirs temporels et politiques, que Léon XIII a souverainement rappelé à tous les catholiques, dont quelques uns semblaient l'avoir oublié. Leurs grandes lignes, successivement inscrites, dans les traités internationaux de notre siècle, sont la neutralisation des territoires, d'une utilité commune, universellement reconnue, comme la Suisse, la Belgique, le Luxembourg, le Bosphore, Suez, les Détroits, les isthmes canalisés; la neutralisation des grandes œuvres, comme les sociétés de secours aux blessés militaires, destinées à remédier, dans la mesure nécessaire, aux barbaries persistantes des hommes d'Etat. Ces jalons du droit nouveau, que l'Eglise peut revendiquer comme de claires émanations de sa doctrine, appliquée avec l'ampleur que notre état social comporte, le XIXe siècle les a vu planter, sous le signe de la Croix de Genève, sans que les hommes même qui en font l'application, dans le droit international moderne, veuillent en comprendre toute la portée. Mais ils émergent désormais, comme des piles inébranlables, au milieu des tempêtes et des obscurités de notre temps. Sur ces piles invisibles et présentes, le Pont, également invisible, qui permettra de franchir l'abîme de misères, de boue et de sang, où tant de générations aveuglées ont été englouties, pourra s'édifier, en s'appuyant sur de nouveaux rivages. Le droit nouveau, dont le monde a un si pressant besoin, contre des souffrances, *devenues imméritées pour le plus grand nombre*, depuis le sacrifice du Christ, pourra être inauguré sur la terre assainie; dans ce droit nouveau, les deux souverainetés nécessaires, souveraineté semi-double, coercitive, territoriale et temporelle, de l'Etat politique, souveraineté complexe, double et une, spirituelle et temporelle de la Papauté, *territorialement et internationalement* consacrée, sous la Garantie de toutes les puissances, comme la clef de voûte du droit commun des hommes, trouveront leur mode de vie, contrastant et parallèle, dans les traités internationaux, qui sont les instruments supérieurs d'application du Droit positif, conforme à l'Evangile. Dans le sein de chaque nation, les droits individuels et ceux des associations particulières, fondés sur le principe chrétien de leur égalité, non pas simple et absolue, qui est une humaine chimère, mais complexe, juridique et proportionnelle, qui est conforme à l'ordre divin, trouveront leurs garanties essentielles, dans l'action ménagée de rouages publics, s'équilibrant les uns les autres, et renfermant leur double nature, morale et territoriale, dans les cadres d'indivisibles personnalités morales et politiques dualisées. — Alors, la vraie science sociale, pourvue enfin d'une méthode expérimentale, collective et bien définie, d'investigation et de décision, pourvue d'instruments collectifs et solidaires d'application et de contrôle, que l'Individualisme simple de nos jours, et nos gouvernements personnels et anonymes ne peuvent pas connaître, se formera, comme se sont formées toutes les sciences, en procédant partout, par la méthode, devenue facile et commune, du simple au composé. Alors, aux fausses lois des politiciens, entachées d'illusions et de violence, inspirées par la routine, l'orgueil des castes et des classes, l'esprit de secte, et la demi-science des nombres simples, la vraie science, sociale et politique, qui sera Catholique, c'est-à-dire universelle, substituera partout, dans les droits particuliers des nations, organiquement unifiées, les lois providentielles, basées sur les propriétés fécondes des nombres proportionnels et composés. Alors, elle abordera, et elle saura résoudre les problèmes redoutables, devant lesquels les recherches individualistes de l'économie politique de nos jours restent impuissantes, et que les sensibleries apeurées, hypocrites et délétères, du socialisme d'Etat, ou les élucubrations brutales et simplistes du socialisme collectiviste et anarchiste n'ont fait qu'envenimer. Alors les hommes ouvriront les yeux à la pleine lumière de l'Evangile ; ils comprendront ce que signifie le renoncement chrétien, absolu et simple pour chacun, dans les sphères de l'action purement individuelle, mais relatif, réciproque et complexe pour tous, dans les sphères plus hautes et plus larges de l'action collective, où doivent se mouvoir librement les associations volontaires, solidaires entre elles, et équilibrées les unes par les autres. Alors, ils comprendront la parole de Jésus à ses Apôtres : « Vous savez que ceux qu'on regarde comme les maîtres des nations *leur commandent avec empire*, et que leurs chefs ont *un pouvoir absolu sur elles*. Il n'en est pas de même parmi vous ; mais quiconque voudra devenir le plus grand, qu'il se fasse votre serviteur, et quiconque voudra être le premier d'entre vous, qu'il se fasse le serviteur de tous. » (SAINT-MARC, CH. X. ỷ. 42 à 44). Alors, ils comprendront l'affirmation prophétique de Saint-Paul, sur l'anéantissement, providentiellement prévu de toute domination, de toute puissance et de toute autorité, purement humaine, à la clôture du temps des nations. Alors, ils parviendront enfin, *collectivement*, à pratiquer la grande et vraie charité chrétienne, enseignée par l'Eglise, cette vertu surhumaine, à laquelle l'homme politique est capable de s'élever, par l'anéantissement méthodique, en lui et dans ses grandes sociétés, de tout individualisme simple, la charité, qui, dépassant l'aumône, dépasse aussi tous les dons de l'intelligence, remplace toute science, et sans laquelle la science purement individuelle la plus haute, et la puissance matérielle la plus étendue, ne servent de rien.

Celui-là est vraiment savant, qui sait faire la volonté de Dieu, et renoncer à la sienne.

(IMIT^on DE J.-C., LIV. 1er, CHAP. 3, DERNIER VERSET).

FIN

TABLE DES MATIÈRES

Guingamp, imprimerie-librairie Ve Eveillard et F. Bréban. — 1898

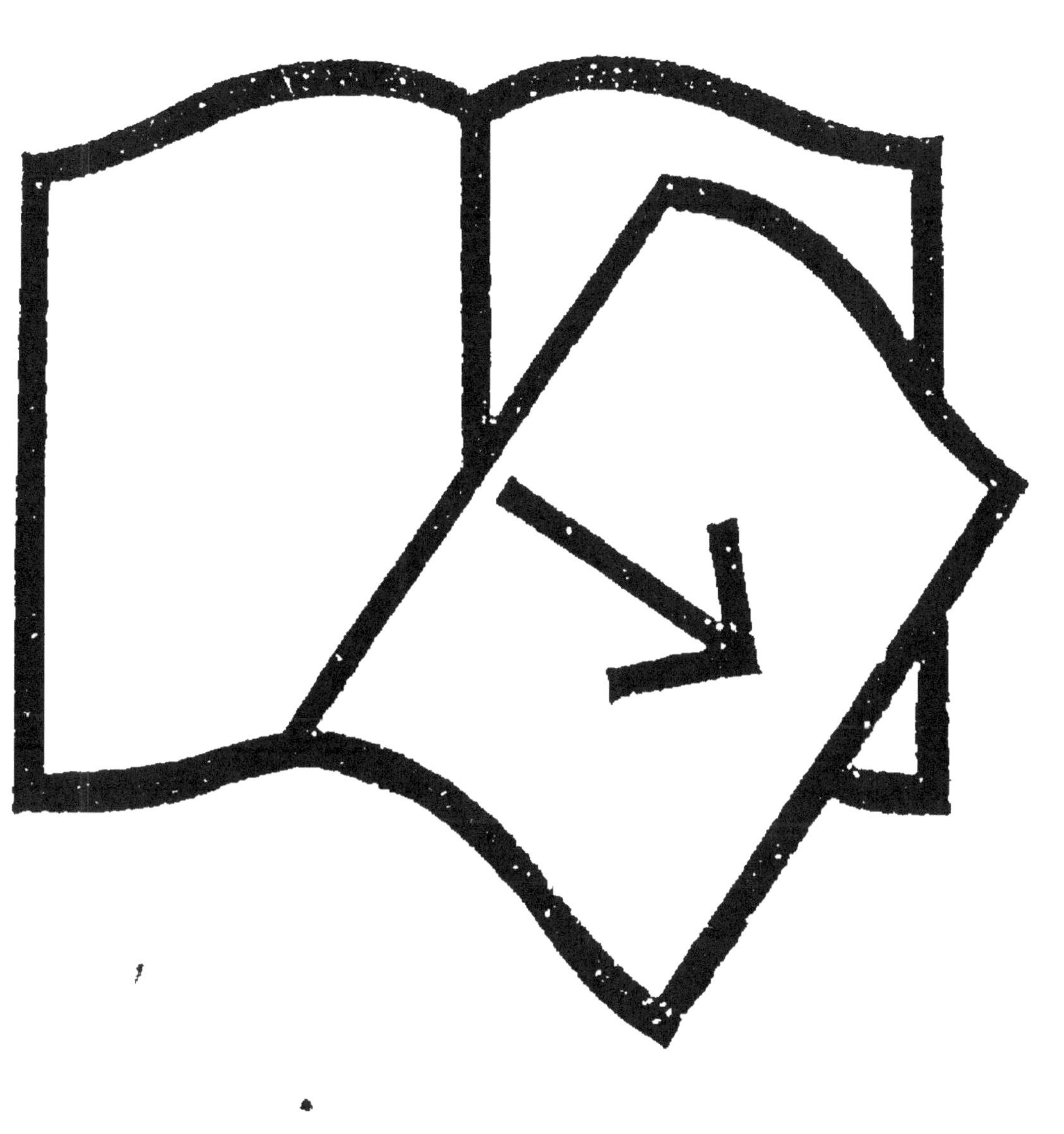

Documents manquants (pages, cahiers...)

NF Z 43-120-13

www.ingramcontent.com/pod-product-compliance
Lightning Source LLC
LaVergne TN
LVHW010042230826
846091LV00005B/1830